ISBN 9798575834182

*****

*****

*****

*****

*****

*****

*****

*****

*****

*****

*****

*****

*****

*****

*****

*****

*****

*****

*****

*****

*****

*****

*****

*****

*****

*****

*****

*****

*****

*****

*****

*****

*****

*****

*****

*****

*****

*****

*****

*****

*****

*****

*****

*****

*****

*****

*****

*****

*****

*****

*****

*****

*****

*****

*****

*****

*****

*****

*****

*****

*****

*****

*****

*****

*****

*****

*****

*****

*****

*****

*****

*****

*****

*****

*****

*****

*****

*****

*****

*****

*****

*****

*****

*****

*****

*****

*****

*****

*****

*****

*****

*****

*****

*****

*****

*****

*****

*****

*****

*****

*****

*****

*****

*****

*****

*****

*****

*****

*****

*****

*****

*****

*****

*****

*****

*****

*****

*****

*****

*****

*****

*****

*****

*****

*****

*****

*****

*****

*****

*****

*****

*****

*****

*****

*****

*****

*****

*****

*****

*****

*****

*****

*****

*****

*****

*****

*****

*****

*****

*****

*****

*****

*****

*****

*****

*****

*****

*****

*****

*****

*****

*****

*****

*****

*****

*****

*****

*****

*****

*****

*****

*****

*****

*****

*****

*****

*****

*****

*****

*****

*****

*****

*****

*****

*****

*****

*****

*****

*****

*****

*****

*****

*****

*****

*****

*****

*****

*****

*****

*****

*****

*****

*****

*****

*****

*****

*****

*****

*****

*****

*****

*****

*****

*****

*****

*****

*****

*****

*****

*****

*****

*****

*****

*****

*****

*****

*****

*****

*****

*****

*****

*****

*****

*****

*****

*****

*****

*****

*****

*****

*****

*****

*****

*****

*****

*****

*****

*****

*****

*****

*****

*****

*****

*****

*****

*****

*****

*****

*****

*****

*****

*****

*****

*****

*****

*****

*****

*****

*****

*****

*****

*****

*****

*****

*****

*****

*****

*****

*****

*****

*****

*****

*****

*****

*****

*****

*****

*****

*****

*****

*****

*****

*****

*****

*****

*****

*****

*****

*****

*****

*****

*****

*****

*****

*****

*****

*****

*****

*****

*****

*****

*****

*****

*****

*****

*****

*****

*****

*****

*****

*****

*****

*****

*****

*****

*****

*****

*****

*****

*****

*****

*****

*****

*****

*****

*****

*****

*****

*****

*****

*****

*****

*****

*****

*****

*****

*****

*****

*****

*****

*****

*****

*****

*****

*****

*****

*****

*****

*****

*****

*****

*****

*****

*****

*****

*****

*****

*****

*****

*****

*****

*****

*****

*****

*****

*****

*****

*****

*****

*****

*****

*****

*****

*****

*****

*****

*****

*****

*****

*****

*****

*****

*****

*****

*****

*****

*****

*****

*****

*****

Printed in Great Britain
by Amazon

58548042R00115